COMITÉ DE DÉFENSE ET DE PROGRÈS SOCIAL

Patrie, Devoir, Liberté.

CONGRÈS D'ÉCONOMIE SOCIALE
SÉANCES DES 11 ET 15 JUIN 1912.
A PARIS

LA
DÉFENSE DES ÉGLISES

PAR

M. MAURICE BARRÈS
DE L'ACADÉMIE FRANÇAISE

ET **M. RAVIER DU MAGNY**
PROFESSEUR A LA FACULTÉ LIBRE DE DROIT DE LYON

Extrait de la *RÉFORME SOCIALE*

AU SIÈGE DU COMITÉ
54, RUE DE SEINE, 54

—

PARIS

(*V. la suite* p. 39.)

COMMENT

DÉFENDRE NOS ÉGLISES [1]

Je remercie la Société d'Économie sociale et les Unions de Paix sociale de m'avoir fait l'honneur de m'inviter à prendre place au milieu de vous et de me donner, dès le premier instant, la grande satisfaction de constater que nous sommes d'accord sur la question des églises. Mais alors, si nous sommes d'accord, j'aurai le droit d'être bref.

Il y a dix-huit mois, on a exposé à la tribune de la Chambre le très grave péril où se trouvent les églises de France : on a dit qu'elles commençaient à s'écrouler. Depuis dix-huit mois, le péril n'a fait que s'aggraver, et il ne peut pas en être autrement, car le mal ne vient pas d'accidents : il tient à l'état même de notre législation à cette heure.

Sous le régime concordataire, il y avait les fabriques, corps ecclésiastique constitué avec ses propres ressources ayant pour but de pourvoir aux besoins du culte et subsidiairement, s'il en avait possibilité, aux réparations des églises.

A défaut des fabriques, il y avait les communes, qui étaient obligées de faire face à ces réparations, en cas d'insuffisance du revenu des fabriques.

Enfin, il y avait, au budget de l'État, un crédit ouvert pour répartir des subventions aux églises qui en avaient besoin.

Aujourd'hui, il n'y a plus de fabriques. Les com-

<hr>

(1) Discours prononcé à la réunion annuelle de la Société d'Économie sociale, le 11 juin 1912.

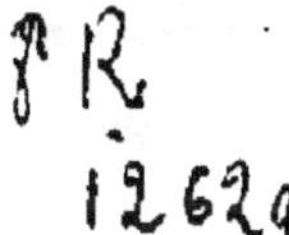

munes, bien que devenues propriétaires, ne sont plus obligées de réparer les églises. Il n'y a plus de fonds de subventions inscrits au crédit de l'État.

En conséquence, personne n'est obligé de secourir les églises et de les entretenir. Il y a, dira-t-on, les catholiques... Ah! Messieurs, aux fidèles mêmes qui voudraient courir au secours de leurs églises la loi crée des difficultés. Les municipalités qui sont propriétaires des églises peuvent refuser l'argent des fidèles, et elles ne s'en font pas faute! J'ai cité, à la tribune de la Chambre, des communes qui disent : « Nous refusons d'entretenir l'église et nous défendons que personne vienne se permettre de déposer une tuile sur le toit où il y a des gouttières. »

Au résumé, de par la loi, les églises ne sont protégées par personne; bien plus, les fidèles peuvent être empêchés de venir les secourir et l'on voit cette monstruosité : des objets les plus nobles, les plus vénérables, les plus précieux de notre terre de France, qui sont menacés, mis en péril de mort, légalement par des misérables. (*Applaudissements.*)

Cette situation n'a pas été sans émouvoir l'opinion publique. Une magnifique pétition a été organisée et signée de toutes parts ; elle a été signée, on pourrait le dire, par l'unanimité des membres de l'Institut, par toutes les Académies provinciales, par toutes les Sociétés d'archéologie, par tous les artistes, depuis les maîtres les plus éminents jusqu'aux rapins de Montmartre. L'on a vu des savants athées donner sans hésiter leur signature, ainsi que des membres de l'Académie des sciences, bien éloignés assurément d'une conception de surnaturel dans le monde.

Et comment ne pas me rappeler, quand j'ai l'honneur de prendre la parole après un ancien président du Conseil municipal de Paris, que cette grande assemblée de notre Cité, où toutes les opinions se trouvent représentées, a voté à l'unanimité un vœu en faveur des églises de France ? (*Applaudissements.*)

Le gouvernement s'est ému, je dois le dire, dans une certaine mesure : il a bien vu qu'il y avait là une indignité, et les scandales que j'avais signalés, il y a dix-huit mois, à la tribune de la Chambre, et que M. Briand avait essayé dans le premier instant de nier, peu à peu on les a si bien reconnus qu'on s'est arrangé pour les régler, tant bien que mal et plutôt mal.

Mais qu'est-ce que des cas individuels que des journalistes peuvent arriver à connaître et à mettre en valeur de façon à obliger le gouvernement à s'interposer ? Quelle puissance peut bien avoir l'administration pour remédier aux insuffisances de la loi et à ce qu'il y a d'inertie ou de méchanceté chez certaines municipalités ? Des vœux et des mesures individuelles de grâce, ce n'est pas suffisant. Il ne peut pas s'agir de régler la question des églises par une succession de mesures sur tel ou tel cas. Il faut que toutes les églises, les plus humbles, les plus modestes, celles qui ne sont pas historiques, pas artistiques, soient assurées de vivre, qu'elles soient protégées, non pas par des mesures de grâce au bon plaisir de nos députés plaidant chacun pour son arrondissement, mais par des dispositions légales, précises, déterminées. Il faut que nous obtenions une règle légale qui assure la préservation, la conservation des églises. (*Applaudissements.*)

Messieurs, il faut que chacun de nous maintienne son esprit sur nos églises de France, et qu'il voie quels trésors incomparables de noblesse et quelles richesses poétiques aussi elles représentent ! A elles seules leur série constitue la chaîne même de l'art architectural français. Qu'est-ce que l'architecture civile nous a légué qui puisse être comparé à cette succession, ininterrompue le long de dix siècles ? Qu'est-ce que l'on peut voir qui soit digne d'être comparé à cette prodigieuse floraison qui a varié selon les époques, selon les régions et, dans chaque région, selon les paroisses mêmes? Il n'y a pas sur toute la terre de France, deux églises qui soient exactement pareilles, pas plus qu'il n'y a deux feuilles semblables l'une à l'autre dans les vastes forêts. Eglises romanes, églises gothiques, églises de la Renaissance française, églises du style baroque, c'est une riche floraison répartie sur un espace de plus de dix siècles; il n'est pas possible que notre époque, que les générations aujourd'hui vivantes acceptent de présider à la ruine de l'architecture française. Il faut que tous, d'un accord unanime, à quelque parti, à quelque opinion que nous puissions appartenir, nous exigions la sécurité légale pour nos églises. (*Applaudissements.*)

Je viens dans votre Congrès pour vous demander d'étudier cette question d'une règle légale pour les églises! J'aurais voulu pouvoir soumettre à ce Congrès les idées que j'ai l'intention d'exposer à la Chambre. A mon grand regret je n'aurai la parole que lors de la discussion au budget de l'Intérieur. Il m'est impossible de soumettre aux travaux du Congrès des idées que je n'aurais pas tout d'abord exposées à la tribune de la Chambre, avec la ressource de l'*in extenso* d'un *Journal officiel* et d'une discussion publique qui empêche les idées de se déformer avant d'arriver au public. ..

Pourtant, je puis soumettre un aperçu sommaire de ma thèse aux hommes éminents qui composent ce Congrès.

A mon avis, il ne peut pas s'agir d'une solution d'ensemble des questions laissées en suspens par la rupture du Concordat; il y a un certain nombre de questions religieuses qui ne sont pas réglées et qui ne peuvent être réglées qu'avec Rome. Il est absurde de penser que des intérêts tels que ceux de l'Eglise française, puissent être réglés autrement que par une conversation avec Rome; là seulement sera la solution d'ensemble et définitive. (*Applaudissements.*)

Mais nous sommes en présence d'un péril immédiat : nous voudrions rechercher une solution provisoire pour faire face à une difficulté immédiate et limitée. Nos églises s'écroulent : il faut empêcher leur disparition. Je propose donc de considérer la législation telle qu'elle est, dans son état actuel, et d'y trouver l'expédient provisoire et sauveur.

Messieurs, notre législation actuelle reconnaît à l'Etat le droit et le devoir d'intervenir pour sauver les monuments historiques. Nos églises sont des monuments historiques. L'Etat a le droit et le devoir de venir au secours de nos églises.

Cette charge pour l'Etat seul serait immense ; d'autres peuvent venir au secours des églises et d'une manière libre. Les fidèles et les municipalités le peuvent notamment. Je crois qu'il y a le moyen de trouver, dans la législation actuelle, l'organisation de cette triple collaboration. On rentrera ainsi dans la vérité historique, car ce n'est pas la première fois que nos églises traversent de pareilles crises.

Au long de l'histoire française on connaît au moins deux crises aussi graves traversées par nos églises, peut-être pires. On a vu toutes nos églises écroulées au lendemain de la guerre de Cent Ans, puis au temps de la Fronde, après le ravage des Espagnols dans le Nord. Eh bien, nous avons des documents qui établissent de quelle manière furent relevées les églises de France : elles le furent par la collaboration de tous, des éléments laïques en même temps que des éléments ecclésiastiques. C'est à cet ensemble, c'est à la bonne volonté de tous, que nous recourrons pour assurer le sort des édifices qui sont les témoins et les instruments les plus précieux de notre vie spirituelle. (*Applaudissements.*)

Nous ne sommes pas obligés d'apporter une solution au gouvernement : notre devoir, c'est de lui dénoncer le péril ; son devoir à lui, c'est d'y faire face. C'est

parce que nous ne nous dérobons pas aux difficultés
que nous sommes prêts à lui donner des indications,
à lui soumettre des propositions. Mais ce n'est pas
notre rôle obligatoire. Au contraire, son devoir propre,
son obligation stricte, à lui, c'est de trouver une solution.

Tenez, laissez-moi vous dire en passant les deux
ordres d'arguments que je suis toujours assuré d'en-
tendre à la Chambre. L'honorable M. Beauquier a cou-
tume de me dire : « Ce n'est pas la peine que nous
nous donnions tant de mal pour protéger les églises,
puisque Dieu est tout-puissant, il peut bien remplacer
à lui tout seul les tuiles qui sont dessus. » (*Exclama-
tions.*)

Je ne dénature pas la pensée de M. Beauquier! Il
voudrait, il l'a dit et imprimé, que Dieu se chargeât
des réparations. Je crois aussi que l'honorable député
voudrait que Dieu vînt lui en apporter le devis au café
du Commerce.

L'autre objection consiste à dire : « Tout cela ne
serait pas arrivé si on avait fait des cultuelles. » Cette
phrase là engage un débat historique, toute une suite
de récriminations pendant lesquelles les églises peuvent continuer de s'écrouler. Eh bien, Messieurs, alors
qu'on accorderait à nos adversaires que les catholiques
ont fait une faute en n'acceptant pas les cultuelles —
et c'est bien ce que je nie et je suis prêt, si l'on veut,
à dire mes raisons personnelles de méfiance contre
les cultuelles — cela ne dispenserait pas un seul instant le gouvernement, à l'heure qu'il est, de régler la
question. Un digne gouvernement se reconnaît comme
responsable des fautes mêmes de ses adversaires : il
ne devait pas leur donner l'occasion de les faire et,
quand ils les ont faites, c'est à lui de les réparer.
(*Applaudissements.*)

L'État est par essence le grand réparateur. Le gouvernement pourra faire toute les récriminations qu'il

voudra sur la situation : elle existe. Il pourra faire toutes les objections possibles à la solution que nous proposons, il ne sera pas dispensé d'en trouver une : qu'il écarte nos remèdes, il devra en découvrir d'autres, car le mal est là tout pressant. Il n'est pas admissible qu'un parti qui a la responsabilité du pouvoir croie possible, sur une telle question, de se cantonner plus longtemps dans le mutisme. Il faut que le gouvernement indique quelle est sa méthode, quels sont ses moyens, ou bien alors que quelqu'un ose se lever des bancs de la majorité et dise : « Nous souhaitons la mort des églises, parce qu'elles ne sont pas seulement un monument, mais une idée et parce que nous ne voulons plus voir cette idée se dresser au milieu du village. »

Cela c'est une thèse : elle est affreuse, mais elle a un passé historique; oui, il y a des hommes qui ont souhaité la mort des églises de France. Mais je constate que si ces sentiments d'anticivilisation existent dans le cœur de quelques-uns, si ces atermoiements ont pour but de laisser s'écrouler les églises de France, voilà d'ignobles sentiments et calculs que personne n'ose avouer à la tribune.

Au contraire, j'ai vu qu'il y avait le moyen de grouper pour la sauvegarde de nos édifices religieux les hommes qui sont à l'ordinaire les plus séparés. Il y a quelques jours, je suis allé dans la ville de Caen, une des villes de France les plus admirables, comme vous le savez, par ses monuments, et j'ai vu sur la même estrade Mgr de Bayeux et M. Perrotte, maire radical de la ville, grand ami de M. Chéron et les députés progressistes Engerand et Flandin, donnant les uns et les autres leur approbation à cette campagne de salut pour les églises. Une telle manifestation résume bien le groupement qui peut se faire.

J'ai vu de même chez les protestants les marques de sympathie les plus certaines et les plus sûres pour le salut des édifces catholiques. J'en appelle à un très bel article de M. le pasteur Viénot. Il y a là un moyen de constituer une vaste union de tous les gens de cœur, de tous les bons patriotes pour assurer le salut de ce qu'il y a de plus précieux, aux yeux de chacun de nous, dans les villages : je veux dire ces monuments séculaires qui représentent plus que l'émotion poétique, un puissant effort de civilisation et sans lesquels chacun sait bien qu'aucune nation ne pourrait durer. La défense des églises est d'intérêt national et même d'ordre universel. Dans un sentiment d'amitié et de vénération, nous devons tous, réunir autour d'elles tout ce que nous avons de puissance pour la propagande.

Je me tourne vers notre président et vers ces messieurs de la Société Le Play : je leur demande de vouloir bien mettre au service d'une si grande cause leur science juridique et leur autorité magistrale. (*Triple salve d'applaudissements.*)

MAURICE BARRÈS,

de l'Académie française.

LE RÔLE DES COMMUNES

DANS

L'ENTRETIEN DES ÉDIFICES CULTUELS

Les lois du 9 décembre 1905 et du 13 avril 1908 ont confirmé ou attribué aux communes la propriété de toutes les églises qui existaient à cette date, sur leur territoire, à l'exception seulement des cathédrales qui continuent d'appartenir à l'État et des chapelles privées qui n'ont jamais appartenu ni à l'État ni aux départements ni aux communes et pas davantage aux fabriques paroissiales ou autres établissements publics du culte.

C'est, on le voit, presque la totalité des églises, du moins de celles dont la construction est antérieure à la loi de séparation, qui sont aujourd'hui placées dans le patrimoine communal.

Et voilà comment la question de l'entretien des églises par les communes se pose partout, en France, dans les moindres villages comme dans les plus grandes cités.

I

C'est, il faut le reconnaître, une question singulièrement complexe et délicate.

D'une part, en effet, les communes sont naturellement qualifiées par leur titre de propriétaires, pour supporter les frais d'entretien de leurs églises. Mais cette contribution, d'abord ont-elles bien le droit de la prendre à leur charge? Les principes posés par les lois de séparation, qui leur interdisent de subventionner aucun culte, le leur permettent-ils?

Si, d'autre part, les communes gardent néanmoins la possibilité légale d'inscrire à leur budget cette dépense, est-ce à titre obligatoire ou facultatif? Devant leur mauvaise volonté, le préfet sera-t-il armé du droit d'inscription d'office?

Enfin, si les fidèles, directement intéressés, ne trouvent pas dans l'arsenal de la légalité le moyen de contraindre les communes à entretenir leurs églises, peuvent-ils au moins se substituer à ces propriétaires négligents et réparer eux-mêmes des édifices promis à leur jouissance?

Ce qui rend si difficile de donner à toutes ces questions une solution pratique, c'est la situation légale des églises telle que l'ont faite les lois de séparation.

Les communes en sont propriétaires. Mais les catholiques en ont la jouissance. Il faut donc concilier le titre des uns avec le droit des autres.

Au moment d'achever la confiscation et d'enlever définitivement aux catholiques les temples que leurs pères avaient édifiés avec leur foi, avec leurs bras et avec leurs deniers, le législateur a hésité. Il s'est souvenu sans doute du long scandale causé par la première Révolution, et il a craint que des églises une seconde fois transformées en greniers à foin ou en salles de clubs ne devinssent un témoignage trop brutal de la persécution. Tout en enlevant aux catholiques la propriété de leurs églises, il n'a pas osé enlever les églises au culte catholique. Il a donc fait des communes, sous le nom de propriétaires, de simples séquestres, chargés de conserver les édifices cultuels à leur destination traditionnelle, jusqu'à désaffectation régulière.

Mais en même temps, il se gardait de faire de cette affectation cultuelle un titre trop solide et trop extensif pour les fidèles. Les églises ont été simplement laissées à la disposition des associations cultuelles, ou, à défaut d'associations cultuelles, des fidèles et des ministres du culte. Un ministre a dit, et l'on a répété quelque temps après lui, que les fidèles et les prêtres étaient dans les églises de simples occupants sans titre juridique. La formule était inexacte et la jurisprudence aussi bien que la doctrine en a fait depuis lors justice. Les fidèles et les prêtres ont bien un titre juridique à occuper les églises, puisqu'ils tiennent ce droit d'un article de loi. Ce n'est pas un titre contractuel, car ils occupent les églises sans avoir pour cela aucune concession de jouissance à solliciter, aucun bail à passer avec les communes propriétaires. Mais c'est un titre légal. Et la loi a bien, je pense, autant de force pour fonder le droit qu'en peut avoir la convention des parties.

Seulement, il faut ajouter aussitôt que ce titre légal manque de précision et de sécurité. Il manque de sécurité, parce qu'il n'écarte pas absolument le risque de désaffectation. Mais plus encore il manque de précision. Quelle en est la nature, quelle en est l'étendue ? C'est ce que les textes ont omis d'expliquer, si bien que la jurisprudence a dû bientôt chercher à définir elle-même ce que la loi avait laissé dans le vague. De ses décisions, nous ne retiendrons que cette notion, toute négative, à savoir que les fidèles et les prêtres n'ont pas sur l'église le droit d'un locataire ou d'un usufruitier. Leur droit est autre, il est moindre. En conséquence — et c'est le seul point qui présentement nous importe — on ne saurait les soumettre aux charges du locataire ou de l'usufruitier.

Aucun doute n'est permis sur ce point. M. Briand, se plaçant précisément dans l'hypothèse qui s'est seule réalisée pour les catholiques, où prêtres et fidèles occuperaient l'église sans contrat de jouissance, a dit, à la tribune de la Chambre, le 19 février 1907 (1) : « Dans ce cas, le prêtre n'a pas les pouvoirs de gestion et d'administration que lui donnerait le contrat de jouissance, et toutes les charges de l'édifice, petites, moyennes, grosses réparations, *restent au compte de la commune.* »

Déjà, la circulaire du ministre des cultes aux préfets, du 1ᵉʳ décembre 1906, rédigée pour obvier à l'absence des associations cultuelles, expliquait que « le curé ou desservant sera sans droit pour faire aucun acte d'administration ; encore moins sera-t-il capable d'accomplir aucun acte de disposition... Si le curé ou desservant ne succède pas aux droits de la fabrique, il n'héritera pas non plus des obligations de cet établissement. Il sera seulement tenu, comme occupant, de ne pas préjudicier et de ne pas laisser les tiers préjudicier à l'église et aux objets la garnissant ».

Tout le poids de l'entretien des églises communales retombe donc aujourd'hui sur les communes. Les communes peuvent, sans doute, solliciter et employer des concours étrangers. Mais elles ne peuvent pas les exiger. Si cette dépense est actuellement encore obligatoire pour quelqu'un, ce ne saurait être que pour les communes, pour elles seules.

La loi municipale du 5 avril 1884 leur faisait une situation meilleure. Car elle ne déclarait obligatoires pour les communes les grosses réparations aux édifices communaux que sous cette réserve : « *Sauf,* lorsqu'ils sont consacrés au culte, l'application préalable des revenus et ressources disponibles des Fabriques... (2) »

(1) *J. O.,* 403.
(2) Loi du 5 avril 1884, art. 136, 12°.

Mais, en 1905, on a tué la poule aux œufs d'or. Les Fabriques n'existent plus, l'article 136 § 12 de la loi de 1884 est abrogé par l'article 44 de la loi de 1905, et les communes n'ont plus à qui s'adresser.

Il est vrai que cette aggravation de charges n'est que la compensation d'un accroissement de recettes. Dans la liquidation des biens ecclésiastiques, les communes ou leurs établissements de bienfaisance ont recueilli la plus large part des dépouilles. Ensuite le budget des cultes n'a pas été à proprement parler supprimé, mais son montant est, chaque année, distribué aux communes, au prorata du contingent de la contribution foncière des propriétés non bâties (1). Il serait assez naturel que les communes appliquassent ces ressources nouvelles d'abord à l'entretien de leurs églises. Seulement la proportion n'est pas toujours très juste entre la recette et la dépense. Les grandes villes ont à supporter des frais d'entretien bien plus considérables pour des églises plus belles et plus nombreuses, et ce sont les communes rurales qui reçoivent les plus grosses sommes, puisque c'est là que la propriété non bâtie est plus étendue et partant donne un principal plus élevé.

Les communes acceptent donc d'assez mauvaise grâce la situation qui leur est faite. Et sans oublier que les différentes municipalités ont des manières différentes de considérer les choses, je ne sais si ce n'est pas le vœu du plus grand nombre que traduisait, au V° Congrès des maires de France, en novembre 1910, M. Herriot, maire de Lyon.

Le maire de Lyon commençait par déplorer l'obstination de l'Église à repousser une première fois l'essai des associations cultuelles et une seconde fois celui des contrats de jouissance, dont le principal avantage, à ses yeux, aurait été de reporter sur le curé attri-

____

(1) Loi du 9 décembre 1905, art. 44.

butaire la charge des réparations, « des réparations de toute nature » (1). Nous passerons ces regrets à l'anticléricalisme notoire de M. Herriot. Mais nous pensons, pour notre part, que l'Église avait bien quelque droit et quelque raison de ne pas se jeter elle-même dans les pièges tendus par ses adversaires.

Quoi qu'il en soit, M. Herriot résumait ainsi la législation sur l'entretien des églises : article unique : « Les maires se débrouilleront. » Et s'il acceptait, non sans regret, cette solution pour les grosses réparations, que le droit commun a toujours et partout considérées comme une charge de la propriété, il demandait une modification légale qui fît des dépenses d'entretien la charge forcée de l'occupation. Il proposait de rédiger ainsi un paragraphe additionnel à l'article 5 de la loi de 1908 :

« L'occupant est tenu de procéder aux réparations d'entretien. Faute par lui de se conformer à cette obligation, la jouissance gratuite de l'édifice pourra lui être retirée, soit par le maire, pour les édifices cultuels qui sont propriété communale, soit par le préfet pour ceux qui sont propriété de l'État. »

Le Congrès a adopté cette formule et en a fait l'un de ses vœux.

D'autres maires, au même congrès de 1910, ont manifesté leur préférence pour des contrats individuels, par lesquels les communes céderaient aux ministres du culte certains droits de police et d'administration sur l'église, contre la promesse du curé de payer les droits d'entretien. Le maire de Melun apportait en exemple un arrêté municipal pris par lui après entente *verbale et provisoire* avec le curé. Mais le caractère contractuel de ce document appellerait des réserves, et à ne l'envisager que sous

____

(1) Circ. minist. du 3 février 1907.

l'aspect d'un arrêté municipal, en faisant abstraction par conséquent de la validité des engagements pris, disait-on, par le curé, il n'est point certain — loin de là — qne la cession par le maire au ministre du culte de quelques-uns des droits que la loi n'a donnés qu'à lui, maire, soit correcte et susceptible d'être généralement approuvée par l'autorité supérieure.

Enfin, un ancien maire de Lyon, M. Augagneur, le prédécesseur immédiat de M. Herriot, a préconisé une solution plus radicale : l'abandon pur et simple des églises aux catholiques. L'idée n'a pas été accueillie favorablement. Elle méritait, ce nous semble, plus de succès. Nous y reviendrons nous-même tout à l'heure. Du reste, ces discussions du congrès des maires n'ont obtenu jusqu'ici aucune sanction législative. Le droit demeure ce qu'il était la veille. Et je ne les ai rappelées que pour mieux insister sur l'importance et la difficulté du problème.

D'après la législation, telle qu'elle existe à l'heure présente, les communes ne peuvent exiger de personne, pas plus des occupants légaux que des tiers. la charge de l'entretien des églises.

Si elles veulent que cet entretien soit exécuté, si elles n'entendent pas laisser tomber en ruines les merveilles d'art, les reliquaires d'histoire, les lieux sacrés par la prière des générations que sont, riches ou pauvres, chacune de nos églises. il faut qu'elles envisagent leur devoir en face. C'est à elles qu'il incombe de réparer les églises.

II

Mais, d'abord, le peuvent-elles légalement ?

— Oui, elles le peuvent. Aucune controverse n'est ici recevable. Car l'article 13 de la loi du 9 décembre 1905, modifié par la loi de 1908, dit en termes formels : « L'État, les départements, les communes pourront engager les dépenses nécessaires pour l'entretien et la conservation des édifices du culte dont la propriété leur est reconnue par la présente loi. »

C'est donc bien aux communes que doivent s'adresser les réclamations des catholiques et de tous ceux qui, simples spiritualistes, gardent au cœur, avec le souvenir du passé, le respect de la religion et la nostalgie du divin.

III

Mais pouvoir et devoir font deux. Je ne parle pas ici de cette obligation qui n'a sa sanction que dans la conscience morale, ni même de cette autre sorte, peut-être moins étrangère à certaines municipalités radicales, qui trouve la sienne dans les exigences de l'opinion publique. Ces obligations-là, l'énergique campagne entreprise par M. Barrès et dirigée par des groupements catholiques tels que le Comité de défense religieuse de la rue de Grenelle, s'efforce de les rendre pressantes, inéluctables.

Mais je dois parler seulement, dans ce rapport technique, d'une obligation légale, sanctionnée au besoin par l'inscription d'office de la dépense au budget communal.

Or, cette obligation légale, beaucoup la nient, d'autres en doutent, bien peu l'affirment.

Elle existait, cela n'est pas douteux, sous le régime concordataire. Alors l'article 136, 12°, de la loi du 5 avril 1884 énumérait, parmi les dépenses obligatoires pour les communes, les grosses réparations aux édifices communaux. Et parmi ces édifices, les églises, celles du moins dont la propriété appartenait aux communes et non pas aux fabriques, étaient expressément comprises. La loi obligeait seulement, en ce cas, la fabrique non propriétaire à consacrer elle-même ses revenus et ses ressources disponibles à l'entretien de l'église, et n'en chargeait la commune qu'en cas d'insuffisance des ressources fabriciennes.

Si les lois de séparation s'étaient bornées, sans toucher à ce texte de la loi municipale, à supprimer les fabriques avec les autres établissements publics du culte, les communes demeureraient incontestablement obligées à supporter l'entretien des églises, comme des autres bâtiments communaux.

Mais la loi de 1905 a formellement abrogé le douzième alinéa de l'article précité. N'en faut-il pas conclure que les grosses réparations des églises ont cessé de figurer dans la liste des dépenses communales obligatoires?

C'est bien ce que le Conseil d'État a décidé, dans un arrêt du 26 mai 1911, où l'on peut lire ces mots : « L'article 136 de la loi du 5 avril 1884 qui mettait à la charge des communes les grosses réparations à effectuer aux édifices du culte a été abrogé par l'article 44 de la loi du 9 décembre 1905, et la loi du 13 avril 1908, en *autorisant* les communes à engager les dépenses nécessaires à l'entretien des églises, n'a pas fait revivre l'obligation que leur imposait la loi de 1884. »

Et cependant, même après cette affirmation tranchante, il reste de fortes raisons de douter.

C'est qu'en effet, malgré la première apparence, il est certain que l'article 136, 12°, de la loi municipale n'a pas été *entièrement* abrogé en 1905. Ce paragraphe n'imposait pas seulement aux communes les grosses réparations de leurs édifices cultuels, mais les grosses réparations de tous leurs édifices quelconques, cultuels ou non. Or, qu'après 1905 comme avant, les grosses réparations de la mairie, de l'école, etc., demeurent obligatoires pour les communes, c'est ce que personne ne contredit. Donc, l'abrogation formulée par la loi de 1905 n'a pas à l'égard de l'article 136, 12°, une portée générale et absolue, mais une portée relative et restreinte, qu'il s'agit de déterminer. Et voici le *criterium*. Y a-t-il dans l'article 136, 12°, des dispositions inconciliables avec les principes de la loi de 1905? Ces dispositions sont abrogées. Mais les autres ne le sont pas. Or, qu'y a-t-il donc vraiment dans l'article 136, 12°, qui soit inconciliable avec les principes de la séparation? Il y a ceci : la contribution préalable des fabriques aux frais des grosses réparations des églises. Les fabriques sont supprimées par la loi de 1905; la conséquence est que la disposition de l'article 136, 12°, qui les concerne est abrogée. Mais la loi de séparation, qui fixe la propriété des communes sur les églises, est-elle inconciliable avec l'obligation des communes de les entretenir et de les conserver? Rien ne semble moins évident.

On interpréterait, au contraire, très correctement l'abrogation de l'article 136, 12°, en disant : les communes sont tenues aujourd'hui des grosses réparations de leurs églises comme de leurs autres bâtiments; c'est là pour elles une dépense obligatoire.

Mais quelles sont donc, demandera-t-on, à l'égard des églises, les dépenses communales que la loi de 1908 signale comme facultatives? Nous répondons : ce sont les dépenses d'entretien. Et il faut convenir que cette distinction n'a rien que de très naturel.

Telle est l'interprétation que M. Jules Roche, député de l'Ardèche, avait donnée, avant l'arrêt du Conseil d'État de 1911. Telle est aussi celle qui avait rallié un collaborateur distingué du *Journal des Débats*, celle enfin que notre collègue, M. Auguste Rivet, avait défendue, non sans faire remarquer toutefois son insuffisance pratique en face de la manvaise volonté de l'administration, puisque le préfet jouit d'un pouvoir discrétionnaire en matière d'inscription d'office, et que les intéressés, fidèles, ministres du culte, simples contribuables, peuvent bien requérir son intervention, mais demeurent désarmés, si le préfet se refuse à user de son droit.

Cette controverse ne pouvait recevoir sa solution que du Conseil d'État. Or, le gouvernement avait pris tout de suite position contre le caractère obligatoire des dépenses d'entretien des églises (1). Le ministre des Cultes, M. Briand, n'admettait pas que les municipalités pussent se trouver, sous le régime de la séparation, soumises à une obligation plus rigoureuse que sous le régime concordataire, c'est-à-dire obligées à titre principal, et non plus seulement à titre subsidiaire. Il était facile de lui répondre que le régime de séparation, développé par les lois successives de 1905, 1907 et 1908, donnait aux communes des avantages qui pouvaient compenser cette aggravation de leurs charges. Mais le Conseil d'État a suivi les indications du ministre. Il est aujourd'hui jugé que la charge d'entretien et de réparation des églises est facultative et non obligatoire pour les communes.

IV

Puisqu'il en est ainsi, les communes seront tentées de se retrancher à la fois derrière l'insuffisance de leurs ressources et derrière cette considération — qu'il est assurément facile de contester au nom d'une saine philosophie, mais où se complaira trop souvent la mentalité des Homais d'hôtel

(1) Dépêche de M. Briand au préfet de la Seine, 9 septembre 1907. *R. O. D.*, 1909, p. 51. — Lettre du même à M. Baudet, député et maire de Châteaudun, 12 décembre 1908, *Ibid.*

de ville — que la conservation des églises, utile aux seuls cléricaux, n'offre pas un intérêt public de nature à justifier un effort imposé à tous les contribuables.

Devant cette double fin de non-recevoir, que feront les fidèles? S'ils se contentent de l'enregistrer passivement, c'est, à plus ou moins brève échéance, la ruine de leurs églises qu'ils acceptent, la fermeture, par arrêté du maire, pour cause de sécurité publique, puis enfin la désaffectation par décret, conformément au troisième paragraphe de l'article 13 de la loi de 1905. Cette éventualité est prévue et voulue par certaines municipalités. Comment la conjurer?

A. — Les catholiques pourraient être tentés de faire eux-mêmes ce que la commune se refuse à accomplir, et d'exécuter à leurs risques et périls les réparations nécessaires.

Cette méthode est évidemment la meilleure pour les menues dépenses d'entretien. Pour les réparations plus importantes, elle pourra quelquefois suffire à conjurer un péril immédiat. Mais, si les travaux ainsi exécutés sur la seule initiative des occupants peuvent empêcher quelque temps une voûte ou un clocher de s'écrouler, ils ne renforcent pas le droit des prêtres et des fidèles sur l'édifice. Ils laissent subsister pour l'avenir toutes les chances de désaffectation. J'en conclus que si les frais à exposer sont importants, les fidèles préféreront en faire l'économie et réserver leurs ressources pour acquérir un terrain et construire une église qui soit à eux et rien qu'à eux.

On a d'ailleurs soulevé une objection de principe contre cette méthode. Les fidèles, a-t-on dit, n'ont aucun pouvoir d'administration sur l'église. L'église est propriété communale, les travaux exécutés pour l'entretien et la conservation de l'église sont des travaux communaux. Or, c'est au maire qu'il apparlient, aux termes de la loi municipale (1), de « conserver et d'administrer les propriétés de la commune » et de « diriger les travaux communaux ». N'en faut-il pas conclure que les occupants ne peuvent entreprendre ces travaux qu'avec l'autorisation au moins tacite du maire?

Tel est bien l'avis que le ministère des cultes a exprimé deux fois au moins à notre connaissance. Une première fois, il était consulté par le préfet de la Nièvre, sur le point de savoir si un curé qui avait recueilli une somme de 8.000 francs pour les réparations de l'église, alors que la commune n'en fournissait que 2.000, ne pouvait pas être *autorisé* à faire exécuter lui-même les travaux nécessaires. Remarquez qu'il ne s'agissait pas même ici pour le curé d'agir en dehors du maire, mais seulement avec son autorisation. Le ministre, M. Briand, a répondu négativement, parce que les travaux qui intéressent un édifice communal ne peuvent être exécutés que par l'intermédiaire, sous le contrôle et la direction de la municipalité. Une seconde fois, il s'agissait d'un projet d'assurance dont certains curés de Lyon auraient payé les primes, moyennant quoi la compagnie s'engageait à ne verser les indemnités de sinistre à la commune qu'au fur et à mesure de l'exécution des travaux. Or, la police d'assurance réservait aux curés la direction des travaux. La ville, sollicitée de donner son adhésion à ce contrat, voulut avoir auparavant l'avis du ministère. On lui a répondu qu'une clause qui enlevait la direction des travaux à la municipalité ne pouvait pas être acceptée.

Cette conception, à la vérité, apparaît bien étroite. D'abord, les occupants ont sur l'église un véritable droit. Si des travaux d'entretien sont nécessaires,

---

(1) Loi du 5 avril 1884, art. 90.
(2) Lettre du 29 juin 1910, *R. O. D.*, 1910, p. 396.

pour que ce droit ne devienne pas illusoire, pourquoi leur interdire de les exécuter à leurs frais, sous la seule réserve que ces travaux ne modifieront pas le caractère et la physionomie de l'édifice, et qu'ils ne détérioreront pas sous le prétexte de réparer.

Au surplus, en réparant à leurs frais un bâtiment communal, que font-ils autre chose, ces occupants, que de gérer l'affaire d'autrui? Le quasi-contrat de gestion d'affaires n'a rien d'illégal, que je sache. Bien au contraire, puisqu'il peut former la base d'un recours du gérant contre le maître, en remboursement des dépenses qui profitent, en dernière analyse, à ce dernier.

Veut-on même écarter, en ce cas, l'explication de la gestion d'affaires? Il faut alors se rallier à cette autre théorie, bien voisine, de l'action *de in rem verso*. Si les dépenses assumées par les occupants ont réalisé une plus-value de l'édifice, la loi leur reconnaît le droit de se faire rembourser leurs dépenses par le propriétaire jusqu'à concurrence de cette plus-value. Preuve bien claire qu'ils n'ont commis aucune faute en prenant une initiative utile à la commune.

Il est vrai que, par une juste réciprocité, les occupants s'exposent à se voir réclamer à eux-mêmes des dommages-intérêts par la commune, s'il se trouve que leurs travaux aient été préjudiciables au lieu d'être utiles.

Tel est, nous semble-t-il, le véritable point de vue dont il convient de ne pas se laisser écarter.

Un arrêt de Cassation (1) du 9 décembre 1911 paraît même, au premier abord, dépasser encore ce libéralisme. Il s'agissait de travaux accomplis, non seulement sans l'autorisation du maire, mais, ce qui est bien différent, au mépris de son interdiction formelle. Le maire avait pris un arrêté tout exprès pour

______

(1) Ch. criminelle, *R. O. D.*, p. 19.

prohiber l'exécution de tous travaux, quels qu'ils fussent, soit à l'intérieur, soit à l'extérieur de l'église, sans autorisation préalable. Un ouvrier ayant néanmoins exécuté quelques menues réparations au clocher fut poursuivi et condamné en simple police pour contravention à l'arrêté municipal. Sur son pourvoi, la cour a déclaré que l'arrêté excédait les pouvoirs de police du maire, parce qu'il était relatif, non pas au bon ordre, à la salubrité où à la sûreté publique, mais seulement aux intérêts privés de la commune. Il était donc dépourvu de sanction.

Cette jurisprudence mérite d'être retenue. Il ne faut pas cependant en exagérer la portée. Elle n'implique pas que les ordres et les interdictions du maire, pour être ici dépourvus de la sanction pénale qui s'attache aux arrêtés légalement pris, le soient également des sanctions civiles par lesquelles tout propriétaire peut faire respecter son droit exclusif à l'administration de sa propre chose. Les conflits entre la commune et l'occupant, sur l'utilité ou la convenance des réparations demeurent possibles, et l'on ne saurait préjuger dans une formule générale, de la solution qu'ils recevraient devant les tribunaux civils.

Aussi, toutes les fois qu'il s'agira de réparations un peu importantes et d'une dépense un peu considérable, les occupants seront sages de se mettre d'accord avec la commune. Le procédé est d'ailleurs classique en droit administratif. Il s'appelle l'*offre de concours*.

B. — L'offre de concours est le contrat par lequel une personne s'engage à fournir une somme d'argent ou une prestation pour qu'un travail public soit exécuté dans des conditions et un délai déterminé (1).

(1) V. Les études de M. Auguste Rivet, *R. O. D.*, 1910, p. 441 ; *ibid.*, 1911, p. 452.

La jurisprudence voit dans l'offre de concours un contrat commutatif, la dispense en conséquence des formalités d'autorisation et des droits fiscaux exigés pour les libéralités, et soumet les litiges relatifs à son interprétation à la compétence administrative.

L'offre de concours, en l'espèce qui nous occupe, sera donc un contrat formé entre la commune et les occupants, ou même un tiers quelconque, tel que l'évêque, ou bien un fidèle ou un groupe de fidèles étranger à la commune. Par ce contrat, les souscripteurs mettront à la disposition de la commune une somme d'argent, et la commune s'engagera à exécuter les réparations de l'église, dans les conditions fixées par l'accord des parties.

Tel est le procédé dans lequel le gouvernement a affecté de voir le seul dénoûment possible d'une crise qui n'est pas sans l'inquiéter lui-même. Dès 1907, M. Briand, s'adressant aux catholiques, leur donnait en exemple les sociétés des Amis du Louvre, de Versailles, etc., et leur disait : « J'attends encore qu'il se constitue dans les paroisses des sociétés des Amis des églises qui feraient les mêmes offres de concours... Il est temps que vous vous rapprochiez des municipalités et que vous leur fassiez les offres de concours nécessaires (1). »

Cette exhortation, le ministre l'a renouvelée à plusieurs reprises, au Parlement et dans sa correspondance avec les préfets. Les interprètes plus ou moins officieux de sa pensée, M. de Narfon au *Figaro*, le rédacteur des *Nouvelles*, d'autres encore, l'ont reprise à leur compte.

Les intéressés entendront-ils cet appel ? Cela dépend, croyons-nous, des avantages et des garanties que peut leur procurer la procédure des offres de concours.

(1) *J. off.*, débats parl., Chambre, 22 déc. 1907, p. 3054, col. 2.

Donner aux communes, sans y être légalement obligés, leur subvention pour exécuter des travaux communaux à une propriété communale, c'est, de leur part, une générosité méritoire, d'autant que c'est après avoir subi une première fois la spoliation forcée qu'ils s'offriraient encore à ce dépouillement volontaire. Il est juste qu'ils prennent leurs sûretés, pour que cette générosité ne manque point son but. Il faut donc qu'ils puissent faire inscrire dans le contrat certaines stipulations déterminées.

La première, c'est la restitution des sommes versées, en cas d'inexécution des travaux. Les communes sauraient d'autant moins se refuser à l'insertion de cette clause, qu'il semble bien que, même après avoir accepté l'engagement des souscripteurs, elles ne sauraient lier elles-mêmes absolument leur liberté d'action, et qu'elles conservent toujours la faculté légale de ne pas exécuter les travaux convenus. Les intéressés devront donc, en toute justice, se réserver une action en restitution, pour inexécution des conditions.

Hélas ! en prononçant ces mots, je ne puis m'empêcher de songer à la fragilité de cette précaution. Légale et valable aujourd'hui, peut-être demain sera-t-elle sans force ! Combien de clauses expresses de restitution avaient été inscrites dans les contrats de fondation, authentiquées par l'autorisation solennelle du gouvernement, qui ont été depuis, sans le moindre respect des droits acquis, biffées par les lois de 1905 et 1908 ! De semblables précédents ne sont pas pour encourager beaucoup les catholiques à faire encore crédit à leurs communes !

Mais passons ! Nous supposons que l'administration ne refusera pas d'insérer dans les actes d'offres de concours la clause de restitution. Elle marquerait trop, par son refus, sa mauvaise foi et son secret désir d'écarter en réalité les offres qu'elle réclame.

Voici une autre clause, dont l'acceptation sera peut-être plus disputée. Et cependant nous ne concevons pas que les souscripteurs puissent renoncer davantage à son insertion : c'est la garantie que l'église, une fois restaurée, ne sera pas désaffectée, sinon dans la suite illimitée des temps, du moins pendant une période fixe et déterminée, par exemple pendant trente ou cinquante ans ; garantie assurée également par la restitution des deniers aux souscripteurs ou à leurs ayants-cause. Encore une fois, si les communes veulent obtenir le concours des fidèles, il faut qu'elles prennent envers eux des engagements positifs.

Enfin il est une troisième clause, bien raisonnable aussi, ce semble, et sur laquelle pourtant les pouvoirs publics se montrent jusqu'ici fort peu accommodants.

Si les prêtres et les fidèles offrent à la commune leur concours pour réparer l'église, c'est assurément pour leur propre avantage. Puisqu'ils sont de l'église les seuls et nécessaires occupants, nul mieux qu'eux n'est à même de régler et de diriger des travaux destinés à faciliter cette occupation. Or, s'ils veulent subordonner leurs offres à la condition que les travaux seront dirigés par l'un d'eux, le ministre du culte, nous savons déjà ce qu'on leur répond : « Cette clause est inadmissible ; les travaux qui intéressent l'édifice communal ne peuvent être exécutés autrement que par l'intermédiaire, sous le contrôle et la direction de la municipalité (1). » Ce n'est pas montrer beaucoup de confiance à des gens dont on sollicite la charité. Et l'on peut répondre au gouvernement qui soulève cette sotte chicane, qu'avant la

(1) Lettre précitée de M. Briand au préfet de la Nièvre. — Cf. lettre du même au préfet de Maine-et-Loire, 25 mai 1910, *R. O. D.*, 1910.

loi de séparation on ne faisait point tant de difficultés pour laisser aux fabriques la direction des travaux exécutés dans les églises communales.

V

Mais la question qui domine la théorie des offres de concours n'est pas dans ces détails. Elle est plus haut. Il s'agit de savoir si, et dans quelle mesure, des offres, d'ailleurs suffisantes pour l'exécution des travaux, s'imposeront aux communes. Si les catholiques ne font pas d'offres de concours, on les accuse de laisser par leur faute, tomber en ruines leurs églises. Mais s'ils en font, dépendra-t-il d'une commune de les refuser ?

Hypothèse qui, n'en déplaise à l'optimisme officiel de M. Briand, n'a rien de chimérique. M. Barrès l'a surabondamment démontré dans son discours du 16 janvier 1911. Et, depuis lors, d'autres faits sont venus s'ajouter à tous ceux qu'il avait signalés pour marquer jusqu'où peuvent aller la haine et la sottise quand elles ont l'anticléricalisme dans leurs voiles.

Reconnaissons loyalement que le Conseil d'État s'efforce de résoudre ces difficultés de manière équitable et même bienveillante. Gardons-nous cependant d'un optimisme prématuré. Si sa plus récente jurisprudence marque une tendance caractéristique, elle n'a point encore dégagé la solution complète et décisive.

Qu'a donc jusqu'ici décidé le Conseil d'État? Pour le mieux discerner, distinguons les espèces.

Première hypothèse : l'église menace ruine et risque d'écraser les fidèles sous ses débris. Le maire, usant des droits de police qu'il tient de l'article 17 de la loi municipale, ferme l'église. On en a vu d'autres aller plus loin et hâter par la dynamite l'écroule-

ment des murs branlants. A une réclamation des
fidèles et du curé, le Conseil d'État a répondu que le
maire n'avait pas excédé ses pouvoirs, que, pour eux,
ils n'étaient pas fondés à demander que la fermeture
de l'église ne fût que provisoire et que l'on con-
damnât le maire à procéder aux réparations nécessaires (1).

Il est vrai qu'ici les fidèles réclamaient des réparations aux frais de la commune. Il n'y avait pas d'offres
de concours.

Seconde hypothèse : le maire ne s'est pas borné à
fermer l'église. Il en a demandé la désaffectation,
parce que sa conservation est compromise par le
défaut d'entretien (loi de 1905, art. 13, 3°). On sait
que la désaffectation, hors les cas exceptionnels où
elle ne peut être déclarée que par une loi, doit être
prononcée par décret rendu en Conseil d'État.

C'est ici que le Conseil d'État a eu l'occasion de se
prononcer sur les offres de concours.

Une première fois, ce n'était point encore d'offres
de concours à proprement parler qu'il s'agissait, mais
bien d'une contribution obligatoire des intéressés.
Un groupe de fidèles de Rousson (Orne) s'étaient
constitués en association du type de la loi du 1ᵉʳ juil-
let 1901, puis avaient réclamé la jouissance de l'église,

____

(1) C. État, contentieux, 26 mai 1911, *R. O. D.*, 1911, p. 306.
— L'arrêt du Conseil d'État du 8 mai 1908 (*Ibid.* 1908, p. 147) ne
saurait être invoqué en sens contraire. Il a décidé qu'un maire
excédait ses pouvoirs, en ordonnant la fermeture de l'église *pour
empêcher l'exécution d'un jugement de référé, et alors qu'aucune circonstance spéciale ne justifiait cette mesure.* On voit
s'il est possible de conclure de cette décision, que les maires n'ont
le droit d'ordonner la fermeture de l'église qu'à la condition d'entreprendre immédiatement des travaux de réparation ou d'intro-
duire une demande régulière de désaffectation. Peut-être obtien
dra-t-on dans l'avenir une pareille déclaration du Conseil d'État.
Mais pour le moment, nous ne l'avons point encore.

en conformité de l'article 5 § 2 de la loi du 2 janvier 1907. Le Conseil a donné avis défavorable à la demande de désaffectation formée par la commune (1). Pourquoi? Parce que, aux termes de la loi de 1907 et de la loi de 1905 combinées, l'association à qui l'église a été attribuée par un contrat de jouissance est tenue de pourvoir elle-même aux réparations de toute nature. La désaffectation pour défaut d'entretien ne peut être provoquée qu'après mise en demeure d'exécuter les travaux nécessaires dûment notifiée à l'attributaire par le Conseil municipal. La mise en demeure n'avait pas eu lieu, dans l'espèce.

Mais on ne rencontre pas d'ordinaire d'association de fidèles ni de contrat de jouissance. Les directions de Rome et de l'épiscopat n'ont pas permis aux catholiques de s'engager sur ce terrain.

C'est proprement alors qu'il y a place aux offres de concours, offres spontanées et purement volontaires. Dans une espèce de cette nature, dans l'affaire d'Ormoy (Yonne), le Conseil d'État a également refusé l'avis favorable à la désaffectation. Il faut citer ses considérants :

« Considérant que, d'autre part, le Conseil municipal, en même temps qu'il se refusait à faire procéder, au moyen des ressources communales, aux travaux de réfection nécessaires, repoussait l'offre d'une somme de 8.000 francs recueillie spontanément par voie de souscription et plus que suffisante pour effectuer la restauration de l'église, d'après un devis dressé par l'architecte des monuments historiques de Sens ;

« Qu'ainsi c'est par un fait indépendant de leur volonté et dont la responsabilité remonte à la Commune, que le ministre du Culte et les fidèles ont été

_____

(1) Avis de la section de l'Intérieur et des cultes du Conseil d'État, du 1er mars 1911, *R. O. D.*, 1912, p. 107.

privés de la disposition de l'église que leur assure l'article 5 de la loi du 2 janvier 1907... »

De ces deux avis, et particulièrement de celui que nous avons cité en dernier lieu, il se dégage cette conclusion : en présence d'offres de concours suffisantes pour couvrir l'intégralité de la dépense, la désaffectation pour défaut d'entretien ne sera pas décrétée.

Et ces offres de concours, le Conseil d'État entend qu'elles soient facilitées le plus largement possible. Dans une note du 16 février 1911 (1), rédigée à propos du projet de décret de désaffectation de l'église de Boissy-Mauvoisin (Seine-et-Oise), la section de l'Intérieur fait observer que « la publicité faite au sujet des désaffectations d'églises n'est peut-être pas suffisante.

« Si les pièces du dossier sont déposées pendant huit jours à la mairie, l'enquête ne dure qu'une journée, et il peut arriver que les habitants de la commune n'en comprennent pas la nature ni l'intérêt. Il serait utile de compléter le dossier par la production du devis des réparations à effectuer, de façon à établir avec précision quelle doit être l'importance des offres de concours.

« Il semble également qu'on pourrait étendre la publicité de l'enquête relative à la désaffectation au département tout entier. Si, pour des raisons locales, les catholiques d'une commune s'abstiennent de concourir à l'entretien de leur église, des offres de concours peuvent avoir une autre origine, l'article 5 de la loi du 2 janvier 1907 ne limitant pas aux fidèles de la commune la jouissance des édifices du culte. Pour faciliter les offres qui pourraient être faites conformément à la loi, il serait utile de porter les demandes de désaffectation à la connaissance des

(1) *Ibid.* p. 107.

habitants du département par une insertion au Recueil des actes administratifs de la Préfecture, deux mois avant l'enquête. »

La section rappelle ensuite que la désaffectation, si elle n'est possible que dans les cas limitativement prévus par la loi de 1905, n'est jamais obligatoire, et que le gouvernement est toujours maître de refuser les désaffectations réclamées.

Et la note se termine par la citation de ces paroles du Président du Conseil à la Chambre des députés, le 17 janvier 1911 : « Avec de la bonne volonté du côté des catholiques, les églises, même les plus modestes, même celles qui n'ont qu'une valeur de sentiment, pourraient être maintenues en bon état de conservation. »

En fait de bonne volonté, tout cela témoigne assurément de celle du Conseil d'État. Pour le surplus, ce n'est pas aux catholiques qu'il faut réclamer la leur; c'est bien plutôt aux communes. Car ni la note, ni les avis ne nous disent comment une commune, surtout si elle s'abstient de demander la désaffectation et s'en tient à l'attitude purement passive, sera forcée d'accepter les offres de concours et d'exécuter les travaux. C'est là, dans le moyen de contraindre les communes, que gît actuellement toute la difficulté.

Les auteurs ont proposé différentes procédures, mais aucune n'a subi l'épreuve de la pratique, et il convient encore de garder une certaine réserve sur leur efficacité.

Les uns, observant que les églises doivent être maintenant classées dans le domaine *privé* des communes, croient qu'il s'agit seulement de travaux d'intérêt privé. La conséquence serait que les fidèles, en vertu de leur droit d'occupants, peuvent citer la commune devant les tribunaux judiciaires, voire même en référé au cas d'urgence, pour la faire condamner à recevoir leurs offres et à exécuter les tra-

vaux. On propose même de conclure à l'exécution
par un tiers que la justice désignerait.

D'autres auteurs, qui semblent mieux d'accord,
sinon avec les principes, au moins avec les décla-
rations réitérées du ministre Briand, estiment que
les travaux exécutés dans les églises conservent,
même après les lois de séparation, le caractère de
travaux publics. C'est donc devant le Conseil de
préfecture que la commune devrait être citée. Mais
alors elle ne saurait être contrainte directement à
l'exécution des travaux. Le juge administratif n'a
pas le pouvoir d'injonction à l'égard d'une commune.
Il conviendrait que l'assignation conclut seulement à
des dommages et intérêts payés aux requérants, pour
compenser le préjudice de la privation de jouissance
de l'église, avec la faculté pour la commune d'éviter
cette condamnation par l'exécution des travaux dans
un délai déterminé.

Nous préférons un troisième système, parce qu'il a
le mérite de mettre plus directement le Conseil d'État
en mesure d'achever ce qu'il n'a encore qu'ébauché.
Que l'on considère le refus de la commune comme un
excès de pouvoir. Dès lors, les souscripteurs de-
viennent aptes à se pourvoir en Conseil d'État, soit
directement contre le refus de la commune, soit contre
le refus ou le silence prolongé du préfet, s'ils se sont
d'abord adressés à lui.

Il est bien évident que tant qu'on n'en viendra pas
là, rien de décisif ne sera fait pour assurer l'entretien
de nos églises. Alors, seulement, il y aura quelque
apparence de justice à réclamer aux catholiques les
souscriptions nécessaires.

Simple apparence de justice, ai-je dit. Je crains
bien, en effet, que, même alors, on n'ait pas donné
aux catholiques des garanties suffisantes et donc les
raisons décisives pour provoquer leur générosité. Car
enfin — sans compter les lenteurs de la procédure

administrative, qui, trop souvent, laisseront le temps aux dégâts de s'accroître et aux ruines de devenir irréparables — quand le Conseil d'État aura bien décidé, par arrêt, l'annulation de la délibération communale, quel moyen d'action sur la commune cet arrêt donnera-t-il aux souscripteurs ? Le Conseil d'État ne prononcera pas l'inscription d'un crédit au budget municipal. Il n'enjoindra pas au préfet d'opérer lui-même cette inscription, en sorte que la commune, blâmée et désavouée par le Conseil d'État, pourra toujours persévérer dans la tactique victorieuse des obstinés : la force d'inertie.

Le procédé des offres de concours, utile et fécond quand les communes seront bienveillantes, m'apparaît stérile dans l'hypothèse inverse. C'est un cercle vicieux qu'il faut briser ! Il ne s'agit pas d'exhorter les catholiques à la bonne volonté. Il faut consolider leur droit sur leurs églises et leur donner l'indépendance et l'initiative nécessaires à l'exercice de ce droit. Il faut reconnaître que leurs églises sont à eux et qu'ils y sont les maîtres. Alors, soyez-en sûrs, ils feront joyeusement les sacrifices nécessaires pour la conservation de ces temples qui leur sont si chers. Ce sera, pour les communes elles-mêmes, la solution la plus avantageuse d'une crise autrement sans issue. Les subventions communales pourront alors très équitablement demeurer réduites à des subventions purement facultatives, et nous ne courrons plus le risque de voir la divine forêt de nos clochers de France joncher un sol à jamais désolé. (*Applaudissements.*)

VI

On me dira que c'est tomber d'une difficulté dans une autre, et que la propriété *communale* des églises n'est qu'un expédient nécessaire devant l'impossibilité d'asseoir la propriété ecclésiastique en régime de séparation.

Évidemment, cette question sort du cadre de notre congrès. Elle n'est plus municipale. Elle n'est pas même simplement nationale. Mais elle est internationale, et ne peut être résolue que par l'accord de Rome et de l'État français. J'en dirai cependant un mot, ou peut-être deux qui me semblent nécessaires pour conclure ce trop long rapport. Je dirai premièrement qu' « impossible · » n'est pas français, et secondement, en latin : *ab actu ad posse valet consecutio.* Regardons au delà de nos frontieres. Cherchons, en Angleterre, dans la métropole et les colonies, cherchons en Amérique, c'est-à-dire cherchons dans des pays de séparation, où l'Église catholique ne jouit d'aucun « établissement » officiel, quelles solutions sont appliquées à la satisfaction commune de l'Église et de l'État : L'*incorporation* des églises locales, représentées par leurs évêques, fonctionne légalement depuis nombre d'années. Et Rome, qui avait proscrit, là-bas aussi, mais après un long essai où s'est faite son expérience, des sortes d'associations cultuelles, recommande aujourd'hui la forme de l'incorporation comme une sorte de droit commun de la propriété ecclésiastique pour les États qui se refusent à reconnaître, en tant que telles, les règles canoniques (1). Le jour où l'État français sera disposé à s'engager dans la voie frayée par les États anglo-saxons, il est certain de rencontrer à Rome des dispositions tout autres que celles contre lesquelles il s'est heurté d'abord. Pour lui en donner l'assurance, nous n'avons certes aucun titre et aucune qualité particulière. Mais il nous suffit de nous appuyer sur une expérience facile à contrôler et d'invoquer la

____

(1) Actes de la Sacrée Congrégation du Concile, reproduits dans *R. O. D.*, 1912, n° 147, p. 289.

méthode de notre maître : la méthode d'observation.
Que cette autorité me couvre et me serve d'excuse
si, quittant pour un instant le domaine municipal,
j'ai entr'ouvert à vos regards de plus vastes horizons
et évoqué l'idéal de la paix religieuse, indispen-
sable fondement de la paix sociale que nous pour-
suivons. (*Vifs applaudissements.*)

P. RAVIER DU MAGNY,

Avocat à la Cour d'appel de Lyon,
Professeur à la Faculté libre de Droit.

COMITÉ DE DÉFENSE ET DE PROGRÈS SOCIAL

(Suite V. p. 2.)

COMITÉ DE DÉFENSE ET DE PROGRÈS SOCIAL

Patrie, Devoir, Liberté.

BULLETIN DE SOUSCRIPTION

Le Comité recevra avec reconnaissance les souscriptions destinées à couvrir les frais de sa propagande, tant à Paris qu'en province. Les souscripteurs ayant versé 20 francs et au-dessus recevront toutes les publications du Comité. — La liste des souscripteurs ne sera pas publiée.

Je, soussigné (nom et adresse lisibles)

____

mets à la disposition du Comité la somme de ____________

____

jointe au présent bulletin en mandat, bon ou chèque ; ou bien : que le Trésorier pourra faire toucher à mon domicile, à partir du ______________________

____

(DATE ET SIGNATURE)

Adresser les Bulletins de Souscription à M. F. Lepelletier, Secrétaire-Trésorier du Comité, rue de Seine, 54, à Paris.

PARIS. — IMPRIMERIE LEVÉ, RUE CASSETTE, 17.

www.ingramcontent.com/pod-product-compliance
Lightning Source LLC
Chambersburg PA
CBHW061123050726